27
Ln 14246.

ORAISON
FUNÈBRE
D'HONORÉ RIQUETTI
MIRABEAU,
PRONONCÉE

Dans l'Eglise de Saint Lazare, le 5 Mai 1791, par JACQUES CARRÉ Professeur au Collège d'Avallon.

Quis desiderio sit pudor ?

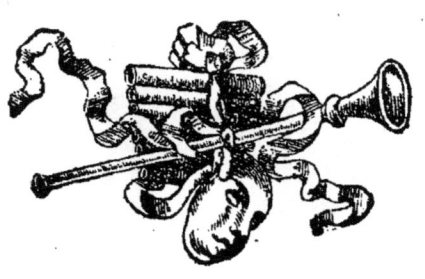

A AVALLON,
Chez AUBRY Imprimeur de la Ville.

M. DCC. XCI.

ORAISON FUNÈBRE
D'HONORÉ RIQUETTI MIRABEAU,

PRONONCÉE
Par JACQUES CARRÉ, le 5 Mai 1791, dans l'Église de Saint-Lazare à Avallon.

MIRABEAU n'est plus... Cet homme immortel dont le puissant génie, conçut, prépara, consomma cette révolution à jamais mémorable, la gloire de la France, l'effroi des tyrans, l'école des peuples esclaves. Il n'est plus ce défenseur, cet ami du peuple, qui nourri dans une caste ennemie du peuple, ayant sucé avec le lait le mépris du peuple, fit sur lui-même un effort sublime, et se dépénétrant des préjugés de l'éducation, rejetta loin de lui le fanatisme de l'orgueil patricien, consacra au peuple ses talens, entreprit de le rendre à sa dignité naturelle, mérita son estime et son amour, emporta ses regrets inconsolables, sans l'avoir trahi par une lâche flaterie, sans jamais avoir sacrifié ses vrais intérêts, à une vaine réputation de popularité.

Il n'est plus... Payons à cette ombre illustre le tribut de reconnaissance que lui mérite son patriotisme.

Mais loin de nous cette éloquence hypocrite qui palliant bassement les vices des hommes publics, prétend dicter à la postérité des arrêts démentis d'avance par l'opinion publique... J'avoue courageusement les fautes de Mirabeau... Mais épargnant à vos cœurs le déplorable tableau de la fragilité humaine ; je déchirerai les premieres pages de son histoire ; je n'examinerai ce grand publiciste que dans sa carriere politique, et tirant le rideau sur ses jours d'erreur dont il eut voulu ensevelir dans la tombe la douloureuse mémoire, je vous montrerai Mirabeau préparant la révolution par ses écrits, Mirabeau la consommant par son éloquence et ses travaux dans l'Assemblée Nationale.

PREMIERE PARTIE.

MIRABEAU fut un de ces génies rares qui ne s'élevent que de siècle en siècle, un de ces êtres nés pour changer la face des empires. Il semble disoit un de nos Législateurs que partout où il se seroit trouvé, il y auroit eu une révolution. Une imagination brûlante, la sensibilité la plus vive, la plus énergique composoient son mâle caractere, il portoit, pour me servir de l'expression hardie d'un illustre Moderne, il portoit un volcan dans son ame. Loin de nous étonner des orages de sa jeunesse, admirons donc plutôt comment avec un sang allumé par des passions fougueuses, il a pu dans l'adolescence la plus agitée, se livrer à ces tranquilles travaux qui demandent le calme de la méditation.

Son génie dédaigna les demi connoissances, embrassant tout le vaste domaine de la littérature ancienne et moderne, il s'environna des grands hommes de tous les âges, de toutes les nations: pour les mieux approfondir il les étudia dans leur idiome naturel. Il craignoit sans doute que ces beaux tableaux ne perdissent dans la copie leur dessein, leur coloris original. Il ne se borna pas à ces grands maîtres, il étendit ses vastes recherches jusque sur ces auteurs savans, mais presque ignorés, que le vulgaire des écrivains néglige, mais où son génie pénétrant découvroit quelque perle précieuse, dont il enrichissoit sa pensée. Ce fut particulièrement chez les Anglais, qu'il acquit cette fierté de stile, caractère distinctif de ses ouvrages; delà cette physionomie anglaise empreinte sur ses écrits, ces expressions hardies, quelquefois gigantesques, que notre timidité n'ose approuver. Ennemi de toutes entraves, il croyoit qu'à de nouvelles idées il falloit de nouveaux mots; il rejettoit ces circonlocutions oiseuses, ce ton mystérieux et circonspect qu'imprima à notre langue le gouvernement absolu sous lequel elle se forma; il vouloit enter l'énergie anglaise sur l'élégance et la délicatesse française. Il n'avoit pas encore 25 ans, et déja il avoit amassé ces prodigieuses connoissances nécéssaires au projet sublime qu'il avoit conçu, et que va développer un coup-d'œil rapide jetté sur ces principales productions.

Semblable à ce patriote carthaginois qui jura sur l'autel de ses dieux de haïr les Romains, et mourut fidele à son serment; Mirabeau dès sa jeunesse voua une haîne éternelle au despotisme. Errant à dix-neuf ans hors de sa patrie, déja il foudroyoit le monstre; le premier élan de son ame fut un cri de guerre contre la tyrannie, son dernier soupir des vœux pour la liberté.

Mais ce qu'il n'avoit qu'ébauché dans cet ouvrage inspiré par la douleur profonde de voir cette terre qu'auroit fertilisée un gouvernement paternel, dévastée par les plus horribles spéculations contre la fortune et la liberté des citoyens, il l'acheva dans son livre sur les Lettres de Cachet.

Le despotisme peut bien charger de

chaînes ces hommes fiers également incapables de courber devant l'autel du pouvoir absolu, & de taire leur noble pensée : ,, mais l'ame est un sanctuaire inviolable pour la tyrannie.

Mirabeau est confiné dans une de ces horribles maisons où la vengeance des souverains mine lentement la pénible existence de ses victimes ; où l'ame est froissée par un sentiment de douleur dont l'espérance ne montre point le terme ; par la privation de ces jouissances si délicieuses à l'homme sensible ; où toutes les consolations de la philosophie viennent se briser contre l'ennui d'une solitude éternelle, contre le tourment intolérable d'une incertitude plus cruelle mille fois que la mort.

Mirabeau se roidit contre l'infortune ; ,, il choisit pour combattre le despotisme le moment où il gémit sous ses liens.

Prenant en main la défense des malheureux dont il partage le déplorable sort, il la plaide cette cause glorieuse devant tous les amis de l'humanité....
Remontant d'abord aux droits primor-

diaux de la nature, cette loi contre laquelle on ne prescrivit jamais, il attaque et renverse cette opinion trop longtems accréditée pour le malheur des peuples: que l'homme cédoit à la société une partie de ses droits pour s'assurer la jouissance de l'autre. Il démontre que loin de se dépouiller de ses droits, l'homme les apporte tout entiers à la société, non pas pour lui en faire le sacrifice, mais pour s'en assurer la perpétuelle, la véritable jouissance; mais pour se former un rempart inexpugnable contre l'ambition et la cupidité: mais pour environner sa foiblesse isolée, de la force de tous....; si c'est la justice ou le respect de la propriété qui à réuni les hommes, comment auroient-ils pu abandonner la plus riche propriété, celle de soi.

Passant du droit naturel au droit positif, il parcourt rapidement les annales de notre histoire. Les Francs encore farouches y défendent leurs immunités avec l'épée dont ils appuyent leur suffrage: plus civilisés, ils consacrent leurs franchises dans ces assemblées augustes dont la triste désuétude livra à un seul les droits de tous. Quelques princes hélas trop rares dans nos fastes, reculent effrayés de cette masse énorme d'autorité qui eut accablé Charlemagne lui-même : ils avouent noblement leur impuissance, ils s'imposent un frein, et craignant que des ministres pervers n'abusent de leur foiblesse pour dégrader la majesté royale, ils défendent à tous les juges d'obtempérer aux lettres closes. Mais leurs successeurs corrompus par le pouvoir oublient ces exemples. Chaque jour leur prérogative s'enrichit des pertes de la liberté : et de despotes en despotes la nation tombe dans le dernier dégré d'avilissement.... : cependant Mirabeau ne désespère pas du salut des Français. Il sait que l'excès du pouvoir en est la ruine. D'une main hardie il sonde les plaies de l'État, et rejettant tout palliatif stérile, il veut faire au corps politique un nouveau tempérament. Ah que ne m'est-il permis de le suivre cet éloquent philosophe dans ses hautes conceptions, dans ses digressions aussi instructives que touchantes ! Quel feu de sentimens, quelle profondeur de pensées, quelle force de raisonnemens; comme il pulvérise ces misérables argumens dont les apôtres du despotisme n'ont pas rougi d'étayer leur abominable doctrine; comme il réduit à leur juste valeur ces grands mots qu'inventa le charlatanisme ministériel, ces mots imposans de science du Gouvernement, de secret de l'État, d'intérêt de l'État, d'intérêt du Prince, d'honneur des familles: ces phrases sentencieuses par lesquelles on voiloit les plus coupables machinations contre la prospérité publique: par lesquelles on trompoit jusqu'à la vertu de ces citoyens honnêtes, qui répugant à croire au vice, ,, et d'ailleurs incapables d'encenser les maximes destructives de la liberté, se laissoient persuader que la violation des loix peut être utile... La science du gouvernement, leur répond Mirabeau, dites tout simplement l'art merveilleux d'appuyer de la force militaire des projets désastreux: le secret de l'État, dites le secret des impérities et des vexations des Ministres: l'intérêt de l'État, dites le besoin de l'impunité pour des Ministres pervers: l'intérêt du Prince, dites l'inviolabilité des perfides conseillers qui l'entourent: l'honneur des familles..., dites l'opprobre éternel d'un pere dénaturé, d'une épouse adultère, de tuteurs avares, de parens usurpateurs d'un bien qu'ils n'avoient qu'en dépôt... Que ne puis-je aussi Messieurs, approfondir avec lui ces grandes questions du droit public que les Cours avoient environnées de ténèbres épaisses, mais dont la Philosophie avoit conservé le sacré dépôt, attendant le jour, l'heureux jour où les peuples mûris par la triste et salutaire expérience de l'infortune, pourroient en recueillir paisiblement les fruits, sans passer par l'anarchie..; défilé terrible et que jusqu'à nos jours on croyoit inévitable.....

Pour vous donner une idée complette de ce grand publiciste, permettez moi seulement, Messieurs, d'extraire de ses ouvrages, les articles fondamentaux de sa croyance politique ; ce sera l'éloge de la sagesse de Mirabeau, l'éloge de l'Assemblée, " qui a véritablement re-

„ couvré les titres que le genre humain
„ avoit perdus ; la réponse victorieuse à
ces calomniateurs périodiques qui osent
ériger en opinion publique, leurs passions
particulières.

Mirabeau regardoit la Religion comme
le ciment qui lie toutes les parties de
l'édifice social.... Mais ce culte, il le
vouloit dégagé de l'alliage impur de l'intolérance et du fanatisme, ces deux
fléaux qui joncherent la terre d'hommes
saintement égorgés au nom d'un Dieu
de paix. Mais à cette Religion bienfaisante, il vouloit des Ministres bienfaisans
comme elle ; " qui donnassent aux Rois
„ des idées de paix et de soulagement
„ des peuples, de modération et d'équi-
„ té, de défiance à l'égard des conseils
„ durs et violens, d'horreur pour les actes
„ d'autorité. „. Des Ministres consola-
teurs qui versant dans le sein des pau-
vres les richesses dont la piété leur avoit
confié le glorieux dépôt, éclairassent
leur ignorance par l'explication de la
morale évangélique : des Prêtres qui au
lieu de semer des haines théologiques,

,, de secouer sur leur patrie les torches ,, de la discorde ,, pour sauver leurs privilèges et leur opulence; d'appuyer de tout leur crédit un pacte odieux avec l'autorité arbitraire, se jettassent entre les partis, pour les réunir au nom de l'Eternel; élevassent les hommes à une noble estime d'eux-mêmes; réveillassent en eux ces principes d'égalité de fraternité évangéliques, base immuable du bonheur des Empires; leur enseignassent les devoirs respectifs du Monarque et des citoyens. Mais sur-tout, " il dé- ,, siroit que les Ministres des Autels ,, fussent tellement circonscrits dans leur ,, état qu'il fut impossible à l'intrigue ,, ou à l'ambition de se mêler à leur ,, zèle..., tant il redoutoit les maux incalculables qui résultèrent de la perfide coalition du pouvoir civil et du pouvoir sacerdotal.

Convaincu que les hommes naissent égaux, comment auroit-il composé avec la rigueur du |principe, et admis une classe privilègiée concentrant tous les titres, tous les honneurs. La noblesse, selon Mirabeau, la noblesse dont l'extinction cause des regrets si vifs, si amers, est l'ennemi le plus dangereux dans une constitution libre. Un homme célèbre se disposoit à écrire l'histoire du patriciat; ,, abandonnez-moi cet ouvrage, lui-dit Mirabeau, je connois mieux le monstre, je l'écraserai.

,, L'idée d'un homme né magistrat, législateur, général, est absurde, et contre nature, s'écrie-t-il dans son éloquente adresse aux Bataves... infortunés républicains, qui seroient encore puissans de leur liberté, riches de leur industrie, s'ils n'avoient pas conservé cet ordre équestre qu'ils croyoient un fléau public, et dont ils ne purgerent pas leur constitution... C'est dans ces principes qu'il écrivoit aux Américains, lorsque des citoyens " bons ,, patriotes, mais séduits par l'éclat des ,, rubans et des croix européenes, tous ,, ces hochets de la vanité nobiliaire, ,, voulurent introduire dans leur cons- ,, titution cette infirmité sociale que nous appellons noblesse ,, ce vers rongeur, et la pensée n'est pas suspecte, elle est de

Machiavel, ce vers rongeur qui carie insensiblement la liberté.... Supprimant tous les ordres, tous les corps dont les puériles jalousies allumées par les ministres, ne font qu'assurer l'assujetissement de tous: et débarassant la machine politique de tous ces rouages nombreux qui en rallentissent le mouvement, il y plaçoit le plus majestueux de tous les corps, le peuple, et voici les leçons sublimes qu'il lui adresse.

Peuple c'est dans toi que réside essentiellement la souveraineté; c'est de toi qu'émanent tous les pouvoirs, mais tu ne peux les exercer sans compromettre ta sureté, ta propriété. Vois l'histoire de ces Nations téméraires qui voulurent jouir du pouvoir souverain dans toute sa plénitude; vois-les ces fiers républicains, livrés à tous les malheurs de l'anarchie, jouets déplorables de la rage de leurs démagogues, plus furieux qu'un tyran et bientôt plus foibles, plus capricieux que le prince imbécille. Vois, tremble, et rejette en frémissant un gouvernement si monstrueux....; distribue donc tes pouvoirs; mais, trace fortement la ligne qui les sépare, ligne qu'on ne peut dépasser sans s'exposer au plus intolérable despotisme.

Peuple, c'est pour ton bonheur que le gouvernement est institué; tu peux donc le corriger, le changer quand ton bonheur l'exige; mais crains de trop agiter les élémens de la constitution, et de n'en asseoir les fondemens que sur une terre mouvante.... Choisis avec soin tes représentans, accorde leur cette confiance dont ils ont besoin pour te servir; ,, respecte leurs talens, admire leur carac- ,, tere, mais défie toi de l'enthousiasme. Malheur aux nations trop reconnoissantes... Elles se forgent des fers.

Eclaire de ta sagesse celle de tes mandataires; encourage leurs efforts généreux; redresse les quand ils s'égarent; présente leur le tableau de tes maux, et le reméde qui peut les soulager.

Citoyens réunissez vous, et souvent, pour consulter sur le bien général: c'est dans ces assemblées fréquentes que se forme le véritable esprit pu-

B

blic., qui n'est autre chose que l'amour de la patrie : songez sur-tout, songez que les Francs ne perdirent leur liberté que pour avoir négligé leur champ de Mars... „ Toutes fois n'admettez au
„ droit de suffrage que ceux qui donnent
„ une preuve suffisante d'un intérêt
„ permanent et de l'attachement qui en
„ est la suite.

Que la propriété soit affermie sur des bases inébranlables : que jamais un citoyen ne soit privé de la vie ou de la liberté sans un jugement authentique de ses Juges naturels, de ses pairs, dont l'institution est le vrai palladium de la liberté. Ah soulevez vous contre tout acte arbitraire. Toute victime du despotime vous crie:
„ Ô mes aveugles concitoyens, il n'est pas plus difficile d'effacer du rôle des citoyens votre nom que le mien.

Mais tous ces droits, tous ces privileges que nous tenons de la nature, le despotisme qui toujours veille, saura bien les briser de son sceptre de fer, c'est par les armes qu'il nous asservira ; c'est par les armes qu'il faut nous défendre.

Des troupes perpétuellement armées sont nécessaires pour garantir la liberté politique, je le veux; " mais veillons in-
" fatigablement sur ces corps dont l'éta-
" blissement riva les chaînes de l'Europe: partageons avec eux la défense de la Patrie; balançons fortement leur influence.....: que leur nombre ne soit jamais augmenté sans l'aveu du Corps législatif. Terribles au dehors contre les ennemis de l'État, qu'ils redeviennent citoyens paisibles dans leur patrie; qu'ils
" soient enfin sévèrement subordonnés
" au pouvoir civil.

O citoyens, toutes ces précautions ne vous suffiront pas encore: vous portez dans vos cœurs vos plus dangereux ennemis, vos passions. " Sans la vertu
" point de morale, sans morale point de politique; sans cette adhésion constante aux règles de la justice et de la modération, sans les mœurs enfin...., point d'égalité point de loix; tout l'édifice social s'écroule, et le bonheur fuit un peuple corrompu, et par-là même indigne d'une constitution vertueuse.

Tels sont, Messieurs, les principes répandus dans les ouvrages de Mirabeau, et que j'ai religieusement recueillis. Voilà l'hommage solemnel qu'il rendoit à la vertu, heureux si......... Mais respectons sa mémoire " c'étoit un si grand homme, oublions ses défauts; et portant nos regards sur sa conduite dans l'Assemblée Nationale, voyons comment il a consommé la révolution par son éloquence et ses travaux.

SECONDE PARTIE.

Le genie fiscal avoit usé toutes ses ressourses: la dette de l'Etat s'étoit grossie des emprunts successifs: l'agiotage ce fléau moderne de l'europe qui calcule ses profits sur les malheurs publics, et dispose à son gré du crédit, minoit fondamentalement le commerce. Cependant les besoins devenoient de jour en jour plus pressans. Le Parlement honteux de sa facilité qui avoit ruiné l'empire, refusoit de couvrir de son nom les nouveaux subsides. Il fallut donc que le Gouvernement surmonta la confusion d'avouer ses fautes; les notables furent assemblés. Simples conseilliers, ils virent tous les maux et partirent sans y remédier.

Entraîné par l'opinion publique, le Parlement persista dans ses refus. On dut enfin recourir à cette représentation Nationale, la terreur des courtisans et l'espoir des gens de bien... Une question importante divise le conseil du Roi: la forme de 1614 doit-elle être adoptée.

Le civisme de ce ministre qui dans une retraite paisible se console de la calomnie, et non de l'ingratitude des Français, décide en faveur du peuple le cœur du meilleur des rois. Mais ces corps puissans qui font retentir l'Europe de leur amour pour le prince, vont-ils adhérer à cette déclaration paternelle ?... Non. Leur orgueil s'indigne que le peuple ose monter jusqu'à eux. De toutes parts s'élèvent d'insolentes protestations. La Bretagne, l'Artois, la Provence, les Parlelemens se liguent contre les intentions bienfaisantes d'un roi populaire.

Ici, Messieurs, Mirabeau s'avance sur la scene : déja sa voix s'est fait entendre dans la cause nationale: il a tonné contre l'agiotage, il a dénoncé au roi, aux notables les chefs de cet odieux monopole; mais poursuivi par l'infame compagnie dont il a démasqué les perfides spéculations, il a fui sa vengeance, il s'est exilé d'une terre où la vérité n'obtenoit plus que des fers...... Au nom des États Généraux, au nom de la liberté, Mirabeau sort de sa retraite ; son ame s'enflamme, elle acquiert un nouveau dégré d'énergie: il vole dans sa patrie, brûlant d'électriser tous les Français du feu qui le dévore. Il entre dans l'Assemblée de la noblesse, et bravant l'orgueil jusque dans son temple, il y brise sur son propre autel l'idole consacrée par les préjugés du vulgaire; il foule aux pieds tous les privileges, toutes les distinctions, il détruit tout cet antique édifice de la vanité, et sur ses débris il éléve l'ordre éternel du peuple.... O vous qui recueillites alors toute sa pensée, redites nous quels sentimens excita dans vos cœurs, l'éloquence de ce nouveau Gracchus. Le peuple enivré de joie se presse en foule autour de son libérateur, il veut le traîner en triomphe... Arrêtez, s'ecrie Mirabeau, arrêtez mes amis: " ah ne profanez pas „ ma gloire par l'excès de votre grati„ tude. Oui je le sens en ce moment, la „ plus abjecte des servitudes, a donc pu „ être entée sur la reconnoissance...„ ses sentimens populaires ont soulevé contre lui les patriciens; mais le choix du peuple le dédommagera de leurs superbes dédains. Aix, Marseille se disputent la gloire de lui confier leurs pouvoirs: trente jeunes guerriers escortent le tribun, et répondent de ses jours contre les attentats de vils gladiateurs.

Cependant les États s'ouvrent sous les auspices du Restaurateur de la liberté Française. Mirabeau à la tête du tiers-état marche tout fier de porter ce bisarre costume, distinction humiliante renouvellée par le génie héraldique.

En ce moment quelle vaste carriere se développe devant moi. Je ne crains pas, Messieurs, de fatiguer votre attention en m'étendant sur des faits que la reconnaissance a burinés dans le cœur des Français. Ah! je le sais, l'ame des bons citoyens aime à se reposer délicieusement sur ces heureux souvenirs. Mais l'homme que je célébre a tant de droits à la gratitude publique ; sa gloire s'est tellement associée aux grands événemens de la révolution, qu'entraîné par la richesse de mon sujet, j'excéderois les bornes que me prescrit votre indulgence..... Je réduis donc mon tableau.

La défection des deux ordres privilégiés paralyse les états. Mirabeau invite les communes à une démarche décisive à se constituer en assemblée du peuple, pour réhabiliter par cette déclaration solemnelle ce peuple si longtems avili, et qui se léve fort du sentiment de sa dignité, fort de sa raison et de ses lumières. Ces grandes vues ne sont pas adoptées, il s'en console en voyant s'organiser l'Assemblée Nationale.

Toutefois l'horison se couvre de nuages; la voix du despotisme ose profaner le sanctuaire de la liberté; ses satellites s'y présentent, " allez, leur répond Mi-
" rabeau, allez dire à ceux qui vous ont
" envoyés, que nous sommes ici par la
" volonté du peuple, et que nous n'en
" sortirons que par la puissance des
" bayonnettes.

Des troupes se rassemblent pour appuyer de siniftres projets; la capitale est investie; les députés de la nation sont environnés d'armes; Mirabeau porte jusqu'au Thrône les allarmes de l'Assemblée; démasque les perfides conseillers qui trompent le plus vertueux des Monarques... Le germe d'une juste défiance est jetté dans le cœur du Prince. En même tems le courage français se réveille ; la bastille tombe...; du nord au midi de la France se communique un mouvement terrible, unanime : un peuple de soldats s'élance tout armé..; aux cris de la liberté, les traîtres ont pali... Épouvantés ils fuient une terre libre.... Louis peut enfin suivre les impulsions de son propre cœur; Louis ne fait plus qu'un avec son peuple.

Alors Mirabeau embrasse toute la régénération de la France, constitution, finances, commerce, rien n'échappe à ses hautes conceptions.

Ici il corrige et perfectionne la déclaration des droits: en même tems étouffant l'hydre de l'intolérance, il rend à tous les emplois civils et militaires cette portion précieuse de nos freres, dont les opinions religieuses différent, mais qui s'accordent tous pour aimer un Dieu pere commun des hommes, pour aimer une patrie qui ne les rejette plus de son sein comme une marâtre cruelle.

Là, relevant la morale nationale, il dépouille du titre auguste de citoyen, l'homme qui manque à ses engagemens; resserrant les liens qui unissent le pere aux enfans; il étend cette flétrissure sur ces héritiers sans pudeur qui jouissent tranquillement des débris de la fortune paternelle, tandis qu'à leur côté de malheureux créanciers, sans ressource, sans espoir, gémissent vainement sur leur ruine et sur celle de leur famille.

Ici, s'emparant des affections des jeunes gens, il les dirige vers ce moteur des grandes actions, l'amour de l'État. Il montre le jour où la patrie les adoptera pour ses enfans, comme la plus belle fête de leur vie...; il retient cet âge léger par le frein sublime de l'honneur, par la crainte de retarder cette époque, où leurs suffrages concoureront au bonheur général.

Là, poursuivant le préjugé nobiliaire jusque dans ses derniers retranchemens, il détruit ces institutions immorales qui parmi les enfans d'une même famille établissoient des disproportions odieuses.

Zélé défenseur des principes de la

Monarchie, il ne souffre jamais que par une liberté mal-entendue on dégrade l'autorité tutélaire. Il accorde et les droits du peuple et ceux du Monarque ; il combine les deux pouvoirs ; et dans l'importante question de la guerre, par le plus sage des tempéramens, il sauve la nation, et de l'enthousiasme de ses représentans, et des passions de ses ministres

Le désordre des finances a produit la révolution, la ruine du crédit public en détruiroit les heureux effets. Mirabeau guide l'Assemblée dans cette carriere périlleuse.... Dès leurs premiers pas les représentans trouvent les coffres épuisés ; il faut combler le gouffre épouvantable qui menace d'engloutir toutes les propiétés. L'Assemblée balance..: la banqueroute, "la hideuse banqueroute est là...; et l'on délibere. Mirabeau entraîne tous les suffrages par le torrent de son éloquence, la contribution patriotique est accordée par acclamation... A la voix de Mirabeau tous les citoyens volent au secours de la patrie...: L'égoïsme même, l'impassible égoïsme se sent attendri...Émules de leur généreux Monarque, les Français convertissent en ressources nationales, ces métaux de simple ostentation... Les besoins du moment sont satisfaits ; mais plongeant dans l'avenir, Mirabeau porte la lumière sur la science ténébreuse des finances. Il attaque la caisse d'escompte et la réduit à sa juste destination.. Une dette immense pèse sur la France; elle menace d'absorber par les intérêts l'industrie nationale; Mirabeau fait adopter un numéraire fictif. Toutes les objections sont prévues et pulvérisées ; que le timide patriotisme ne s'alarme pas, que nos ennemis renoncent à leurs détestables espérances. La base de ce papier territorial est sure ; les biens du Clergé en sont l'irrécusable hypothéque.

Ces grandes opérations n'occupent pas tous ses momens. Il se multiplie dans les détails. Une procédure illégale, inique, menace d'enlever à Marseille les plus fidéles amis de la révolution. Victimes infortunées, vos cris ont retenti dans son cœur; il parle, et vos fers se brisent. S'il défend l'innocence calomniée, il sait aussi accorder l'humanité et la justice. Il déjoue les complots; il arrête les efforts de ces corporations redoutables qui veulent retarder leur ruine en entravant la marche de l'Assemblée. Le Parlement de Rennes est détruit, les factieux n'ont plus de point de réunion.

Mais ce qui releve encore le caractère de Mirabeau dans la révolution, ce qui redouble les regrets de l'avoir perdu, c'est ce calme qu'il apportoit dans les délibérations les plus tumultueuses, cette maniere judicieuse de saisir la question, de la placer dans son jour véritable, d'y ramener l'opinion qui dévie si souvent dans les grandes assemblées. Immuable dans ses principes, jamais les convulsions de la rage n'ébranlerent sa constance; c'est alors que déployant toute la force de cet organe dont la nature l'avoit doué, il dominoit sur les murmures, et conquérant la parole, calmoit les orages, subjuguoit tous les partis par l'invincible ascendant de sa raison. Content de faire le bien, tranquille il laissoit rugir autour de lui et la haine et l'envie; fidele au poste que lui avoit confié l'estime de ses concitoyens; il ne connoissoit à la tribune, d'autre honneur que celui de remplir glorieusement les devoirs que lui imposoit son serment à ses mandataires. Il ne laissa jamais dégrader par de puérils débats sa dignité de législateur; devenu Président de l'Assemblée, il conserva dans cette place auguste la supériorité qu'il avoit à la tribune: il commanda aux passions, et par sa conduite ferme, loyale et conciliatrice mérita les éloges même de ses ennemis.

« Tel étoit, Messieurs, l'homme que la mort vient de frapper au milieu de sa gloire. Ses longues occupations avoient épuisé sourdement en lui les principes de la vie. En vain ses amis le conjuroient de veiller à une santé qu'ils voyoient s'altérer de jour en jour; il sourioit de leurs vaines terreurs: se croyant comptable à la patrie de tous ses momens; jamais il ne put se résoudre à suspendre ou à diminuer ses travaux.... Mais enfin il succombe; le mal se déclare avec les symptomes les plus effrayans… A cette nouvelle Paris s'émeut, les provinces se troublent… Un seul objet attache tous les regards, fixe tous les vœux. La révolution semble liée à la vie de Mirabeau… Le peuple entoure sa maison; muet de douleur & de crainte, il attend dans un religieux silence la décision du sort de son libérateur. Tous voudroient le racheter aux dépens de leur vie. Un citoyen généreux offre pour lui son propre sang… Vœux inutiles, c'en est fait. Mirabeau ne peut plus vivre; il le sait et il ne peut mourir!… des douleurs aiguës déchirent son corps… Mais du moins à ces cruels tourmens, se mêleront des consolations sublimes. Les alarmes d'un peuple reconnoissant, le tendre intérêt de son roi, viendront adoucir les horreurs de son trépas… Ses amis, car il en eut et qui s'honorerent de ce titre, ses amis détournent en gémissant leurs regards. Il les voit, il les console et tâche de distraire leur douleur en les entretenant de la patrie… O patrie, c'est toi qui occupe toute sa pensée. O patrie viens, il est tems; que ta bienfaisante image se place devant lui entre la vie et la mort. Verse dans ce cœur qui ne respira que pour toi le beaume de la tranquillité... Rappelle à cette ame défaillante tout ce qu'elle fit pour ta gloire et ton bonheur. Présente lui ce bon peuple désolé, qu'alors soulevant sa paupiere chargée des ombres de la mort il s'écrie: ô peuple quand on a vécu pour toi, qu'il est doux de mourir pour toi. Ouvre l'avenir à ses regards, présente lui toute la nation en deuil et la postérité qui couvrant ses erreurs, s'avance pour le couronner... Montre lui surtout, montre lui la liberté française assise sur des bases éternelles, immuables: j'en jure par les citoyens soldats dont il couvrit la France, j'en jure par ceux qui m'entendent.

Cependant l'heure fatale est arrivée... Mirabeau expire... La consternation est universelle, toutes les passions gémissent et se taisent sur sa tombe... Ses ennemis se surprennent des pleurs. Français, il n'existe donc plus pour vous, celui qui brisa le sceptre du despotisme, qui vous affranchit des chaînes de la féodalité, qui vous sauva de vos propres excès en posant

C

les limites de l'autorité et celles de l'obéissance. Il n'est plus.. Pleurez sur ses cendres inanimées: la reconnoissance d'un peuple libre enfante les héros. Pleurez..., ou plutôt ranimez vos espérances. Mirabeau est mort, mais la plus belle partie de lui-même échappe au trépas. Son génie plane sur la France, et en dirige les hautes destinées. Il est dans notre sénat auguste, et préside à la fin de ses glorieux travaux. Il est au milieu des sages administrateurs qui gouvernent la capitale; il leur inspire ces mesures si justes pour régénerer la tranquillité publique.

Ombre illustre, ton nom est à jamais lié à l'histoire de la France. Ta gloire est immortelle comme notre constitution. Pour triompher de l'oubli tu n'as pas besoin de nouveaux honneurs; toutefois la patrie s'empare de tes froides dépouilles: elle décerne à son Démosthêne une récompense digne de lui. Les funérailles de Mirabeau sont un nouveau triomphe pour le patriotisme. Il ouvre un temple aux héros de l'humanité. Il commence cette longue chaîne de grands hommes que nous promet une constitution vertueuse. Emule de Rome et de Londres Paris a aussi son Panthéon. Des murs de ce religieux édifice jaillissent des rayons de feu qui circulant dans les ames y allument l'héroisme. C'est-là que trésaillant d'une nouvelle ardeur, le jeune citoyen choisira pour modele un grand homme, et bientôt marchera son égal.

FIN.

www.ingramcontent.com/pod-product-compliance
Lightning Source LLC
Chambersburg PA
CBHW060710050426
42451CB00010B/1359